Impressum
Verlag: BABADADA GmbH, Nedderfeld 112 , 22529 Hamburg
Geschäftsführer / Verlagsleitung: Harald Hof
Druck: Books on Demand GmbH, In de Tarpen 42, 22848 Norderstedt

Imprint
Publisher: BABADADA GmbH, Nedderfeld 112 , 22529 Hamburg, Germany
Managing Director / Publishing direction: Harald Hof
Print: Books on Demand GmbH, In de Tarpen 42, 22848 Norderstedt

skóli
school

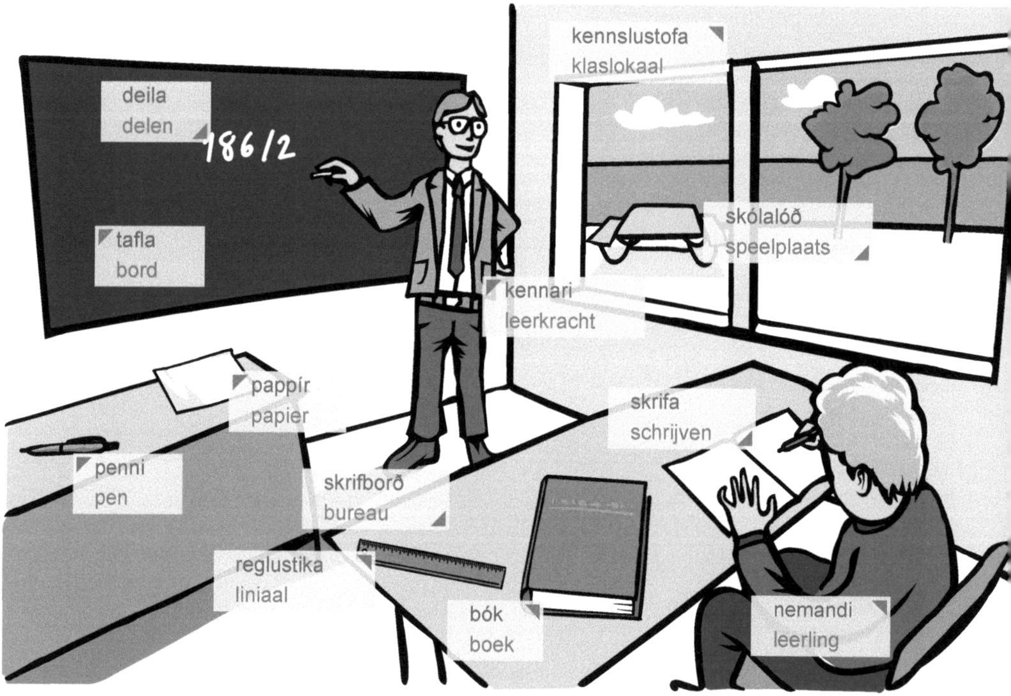
kennslustofa
klaslokaal
deila
delen
186/2
tafla
bord
skólalóð
speelplaats
kennari
leerkracht
pappír
papier
skrifa
schrijven
penni
pen
skrifborð
bureau
reglustika
liniaal
bók
boek
nemandi
leerling

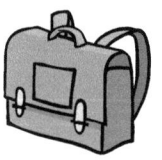

skólataska
....
schooltas

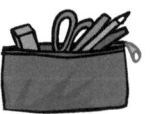

pennaveski
....
pennenzak

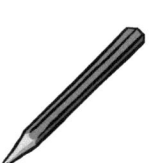

blýantur
....
potlood

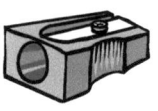

yddari
....
puntenslijper

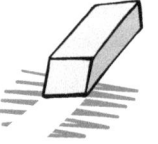

strokleður
....
gom

teikniblað
....
tekenblok

teikning
tekening

pensill
verfborstel

litakassi
verfdoos

skæri
schaar

lím
lijm

æfingabók
werkboek

heimavinna
huiswerk

$$12$$

númer
nummer

$$2+2$$

leggja saman
optellen

$$5-2$$

draga frá
aftrekken

$$2\times2$$

margfalda
vermenigvuldigen

reikna
rekenen

bréf
letter

ABCDEFG
HIJKLMN
OPQRSTU
VWXYZ

stafróf
alfabet

orð
woord

texti
tekst

lesa
Lezen

krít
krijt

kennslustund
les

kladdi
klassenboek

próf
examen

vottorð
certificaat

skólabúningur
schooluniform

menntun
onderwijs

alfræðirit
encyclopedie

háskóli
universiteit

smásjá
microscoop

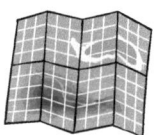

kort
kaart

ruslakarfa
papiermand

ferðalög
reis

hótel
hotel
Grand
farfuglaheimili
jeugdherberg
ROOMS
EXCHANGE
gjaldeyrisskipti
wisselkantoor
ferðataska
koffer
bíll
auto

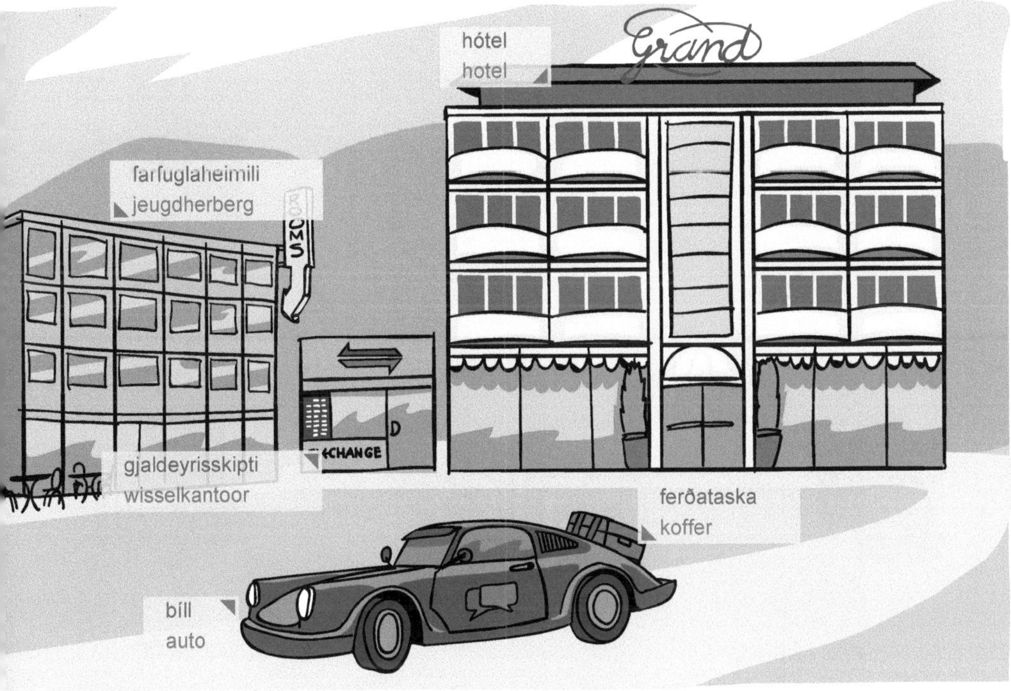

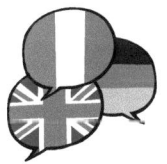

tungumál
Taal

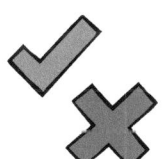

já / nei
ja / nee

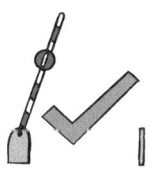

allt í lagi
oké

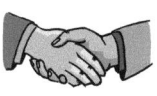

halló
hallo

þýðandi
vertaler

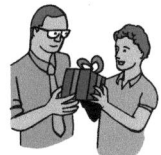

takk fyrir
bedankt

hvað kostar...?

Hoeveel kost ...?

Ég skil ekki

Ik begrijp het niet

vandamál

probleem

Gott kvöld!

Goedenavond!

Góðan dag!

Goedemorgen!

Góða nótt!

Goedenavond!

bless bless

Tot ziens

átt

richting

farangur

bagage

taska

zak

bakpoki

rugzak

gestur

gast

herbergi

kamer

svefnpoki

slaapzak

tjald

tent

upplýsingamiðstöð

toeristeninformatie

strönd

strand

kreditkort

kredietkaart

morgunverður

ontbijt

hádegisverður

lunch

kvöldmatur

avondeten

farmiði

ticket

lyfta

lift

frímerki

postzegel

landamæri

grens

tollur

douane

sendiráð

ambassade

vegabréfsáritun

visum

vegabréf

paspoort

samgöngur
transport

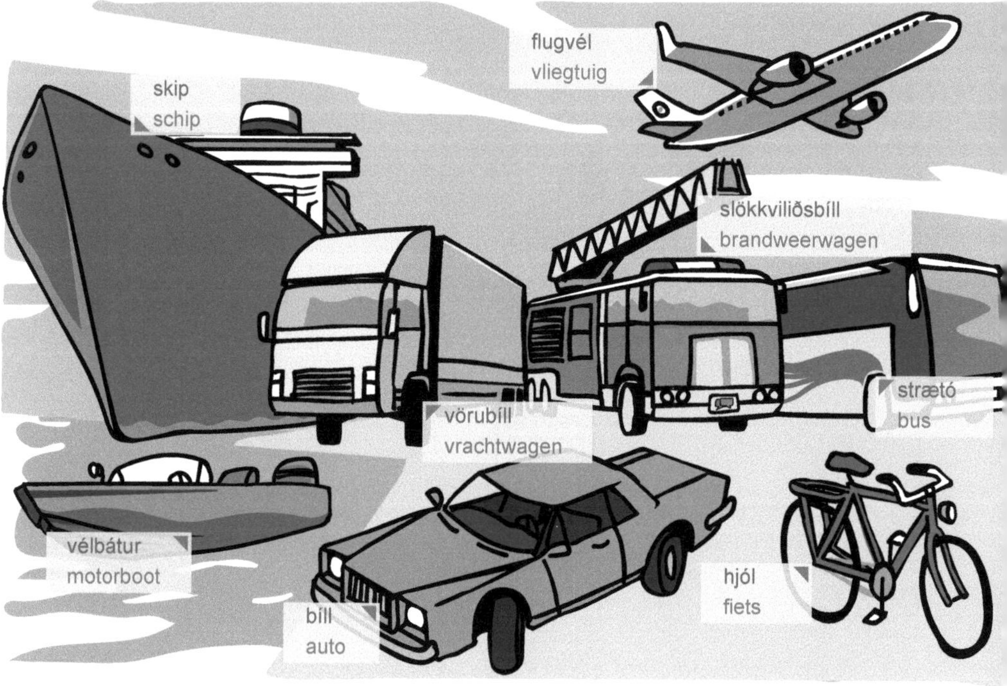

flugvél
vliegtuig
skip
schip
slökkviliðsbíll
brandweerwagen
strætó
bus
vörubíll
vrachtwagen
vélbátur
motorboot
hjól
fiets
bíll
auto

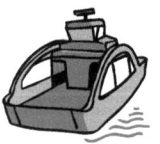

ferja
veerboot

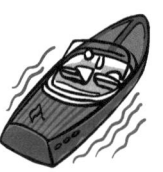

bátur
boot

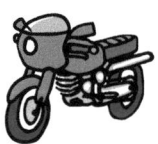

mótorhjól
motor

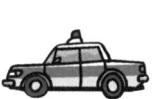

lögreglubíll
politiewagen

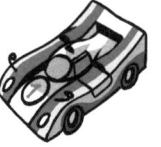

kappakstursbíll
racewagen

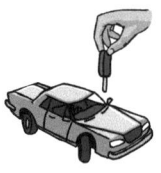

bílaleigubíll
huurauto

bílasamneyti

carpoolen

dráttarbíll

sleepwagen

öskubíll

vuilniswagen

vél

motor

eldsneyti

benzine

bensínstöð

benzinestation

umferðarskilti

verkeersbord

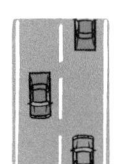

umferð

verkeer

umferðarteppa

file

bilastæði

parkeerplaats

lestarstöð

station

járnbrautarteinar

sporen

lest

trein

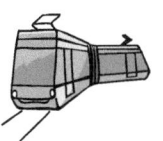

sporvagn

tram

vagn

wagon

þyrla

helikopter

flugvöllur

luchthaven

turn

toren

farþegi

passagier

gámur

container

pappakassi

karton

kerra

kar

karfa

mand

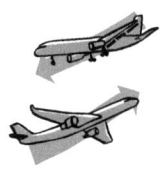

takast á loft / lenda

opstijgen / landen

borg
stad

þorp

dorp

miðbær

stadscentrum

hús

huis

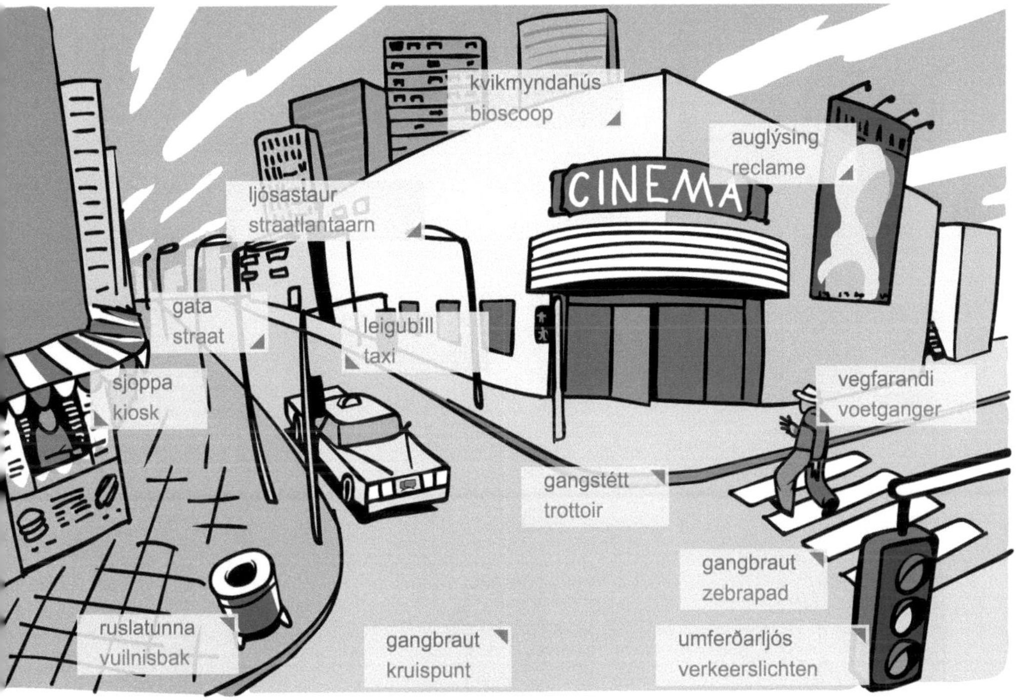

kvikmyndahús
bioscoop
auglýsing
reclame
CINEMA
ljósastaur
straatlantaarn
gata
straat
leigubíll
taxi
sjoppa
kiosk
vegfarandi
voetganger
gangstétt
trottoir
gangbraut
zebrapad
ruslatunna
vuilnisbak
gangbraut
kruispunt
umferðarljós
verkeerslichten

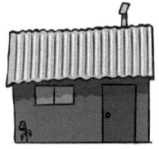

skáli

hut

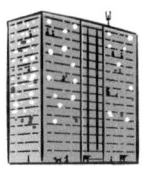

íbúð

woning

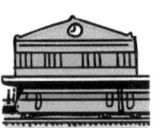

lestarstöð

station

ráðhús

stadshuis

MUSEUM

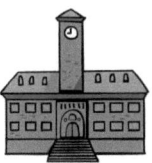

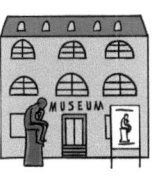

safn

museum

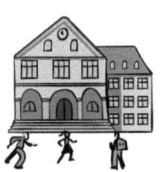

skóli

school

háskóli

universiteit

banki

bank

sjúkrahús

ziekenhuis

hótel

hotel

apótek

apotheek

skrifstofa

kantoor

bókabúð

boekwinkel

búð

winkel

blómabúð

bloemenwinkel

kjörbúð

supermarkt

markaður

markt

stórmarkaður

warenhuis

fiskbúð

vishandelaar

verslunarmiðstöð

winkelcentrum

höfn

haven

almenningsgarður

park

bekkur

bank

brú

brug

stigi

trap

neðanjarðarlest

metro

göng

tunnel

biðstöð

bushalte

bar

bar

veitingastaður

restaurant

póstkassi

brievenbus

götuskilti

straatnaambord

stöðumælir

parkeermeter

dýragarður

zoo

sundlaug

zwembad

moska

moskee

bær
boerderij

mengun
milieuverontreiniging

kirkjugarður
kerkhof

kirkja
kerk

leiksvæði
speelplaats

musteri
tempel

landslag
landschap

laufblað
blad

leiðarvísir
wegwijzer

leið
weg

engi
weide

steinn
steen

göngufólk
wandelaar

tré
boom

á
rivier

gras
gras

blóm
bloem

dalur
vallei

hæð
heuvel

stöðuvatn
meer

skógur
bos

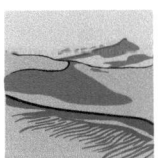

eyðimörk
woestijn

eldfjall
vulkaan

kastali
kasteel

regnbogi
regenboog

sveppur
paddenstoel

pálmatré
palmboom

moskítofluga
mug

fluga
vlieg

maur
mier

býfluga
bijl

kónguló
spin

landslag - landschap

bjalla

kever

froskur

kikker

íkorni

eekhoorn

broddgöltur

egel

héri

haas

ugla

uil

fugl

vogel

svanur

zwaan

villisvín

wild zwijn

dádýr

hert

elgur

eland

stífla

dam

vindmylla

windturbine

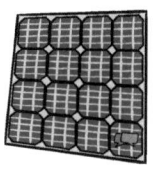

sólarrafhlaða

zonnepaneel

loftslag

klimaat

veitingastaður
restaurant

þjónn
ober
matseðill
menu
stóll
stoel
súpa
soep
pizza
pizza
hnífapör
bestek
dúkur
tafelkleed

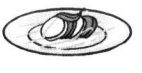

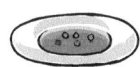

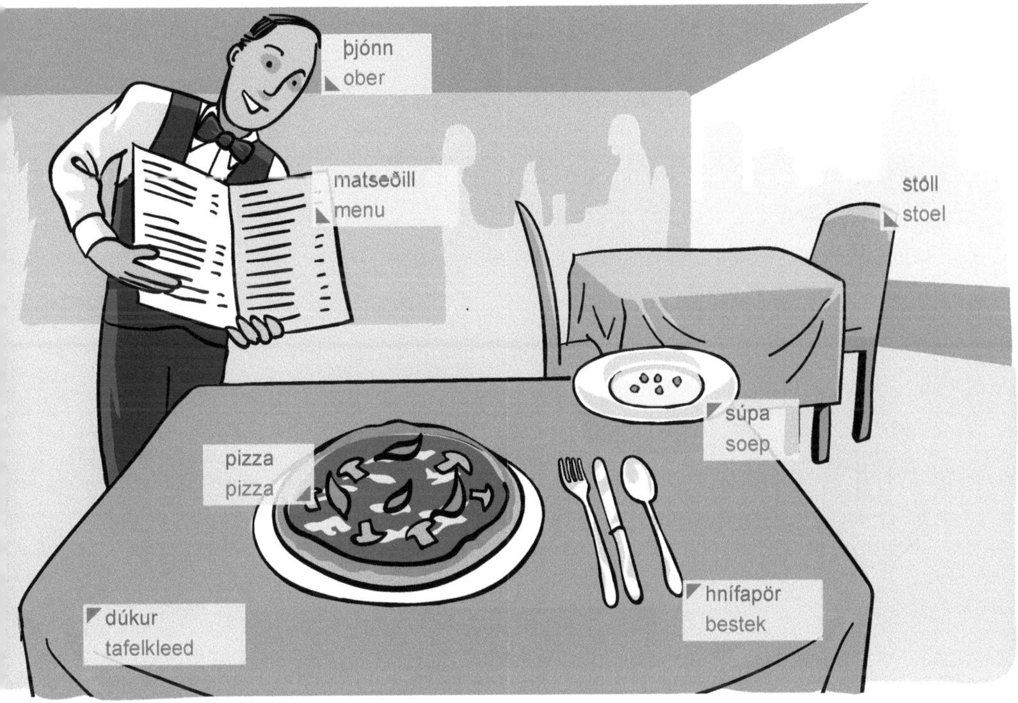

forréttur

voorgerecht

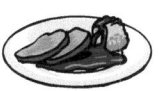

aðalréttur

hoofdgerecht

eftirréttur

nagerecht

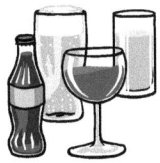

drykkir

drankjes

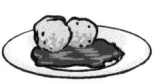

matur

eten

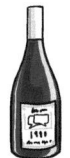

flaska

fles

skyndibiti
fastfood

götumatur
street food

teketill
theepot

sykurskál
suikerpot

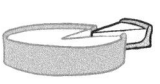

skammtur
portie

espressovél
espressomachine

barnastóll
kinderstoel

reikningur
rekening

bakki
dienblad

hnífur
mes

gaffall
vork

skeið
lepel

teskeið
theelepel

servíetta
serviette

glas
glas

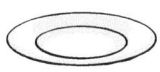

diskur
bord

súpudiskur
soepbord

undirskál
schoteltje

sósa
saus

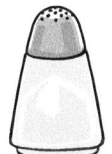

saltstaukur
zoutvatje

piparkvörn
pepermolen

edik
azijn

olía
olie

krydd
kruiden

tómatsósa
ketchup

sinnep
mosterd

majónes
mayonaise

kjörbúð
supermarkt

tilboð
aanbieding
viðskiptavinur
klant
FOR
mjólkurvörur
zuivelproducten
ávöxtur
fruit
búðarkerra
winkelwagen

BUTCHERS

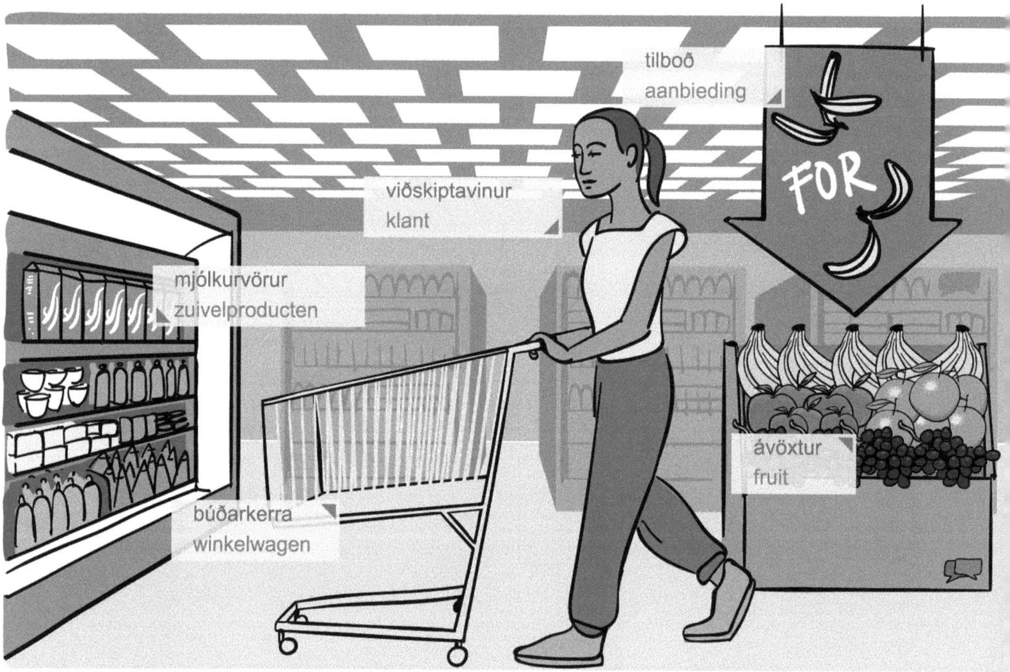

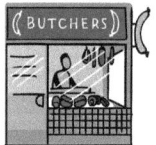

slátrari

slagerij

BAKERY

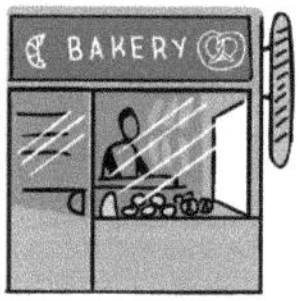

bakarí

bakkerij

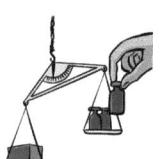

vega

wegen

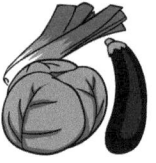

grænmeti

groenten

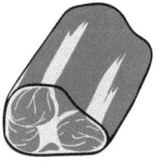

kjöt

vlees

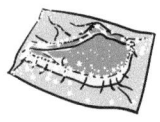

frosinn matur

diepvriesvoedsel

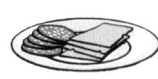

kjötálegg

charcuterie

niðursoðinn matur

conserven

þvottaefni

waspoeder

sælgæti

snoep

vörur til heimilisnota

huishoudproducten

hreinsiefni

schoonmaakproducten

afgreiðslukona

verkoopster

afgreiðslukassi

kassa

gjaldkeri

kassier

innkaupalisti

boodschappenlijstje

opnunartímar

openingstijden

veskı

portefeuille

kreditkort

kredietkaart

poki

tas

plastpoki

plastieken zakje

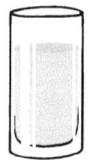

vatn

water

safi

sap

mjólk

melk

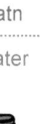

kók

cola

vín

wijn

bjór

bier

áfengi

alcohol

kakó

cacao

te

thee

kaffi

koffie

espresso

espresso

kaffi

cappuccino

banani

banaan

epli

appel

appelsínugulur

sinaasappel

melóna

meloen

sítróna

citroen

gulrót

wortel

hvítlaukur

knoflook

bambus

bamboe

laukur

ajuin

sveppir

champignon

hnetur

noten

núðlur

noodles

spagettí	hrísgrjón	salat
spaghetti	rijst	salade

franskar kartöflur	steiktar kartöflur	pizza
frieten	gebakken aardappelen	pizza

hamborgari	samloka	snitsel
hamburger	sandwich	kalfslapje

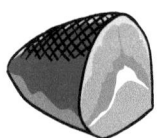

skinka	salami	pylsa
ham	salami	worst

kjúklingur	steik	fiskur
kip	braden	vis

matur - eten

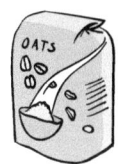

haframjöl

havervlokken

músli

muesli

kornflögur

cornflakes

hveiti

bloem

franskt horn

croissant

smábrauð

pistolet

brauð

brood

ristað brauð

toast

kex

koekjes

smjör

boter

ystıngur

kwark

kaka

taart

egg

ei

spælt egg

spiegelei

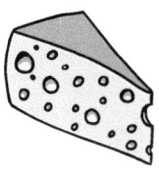

ostur

kaas

ís
ijs

sykur
suiker

hunang
honing

sulta
confituur

súkkulaðiálegg
choco

karrý
curry

bær
boerderij

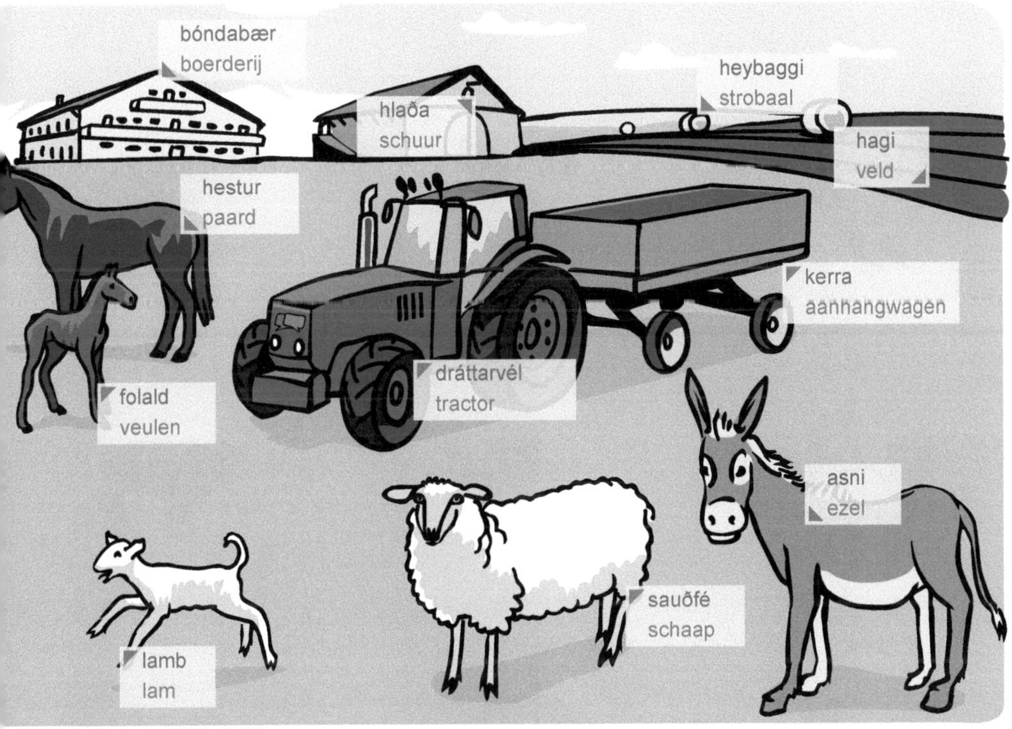
bóndabær
boerderij
hlaða
schuur
heybaggi
strobaal
hagi
veld
hestur
paard
kerra
aanhangwagen
dráttarvél
tractor
folald
veulen
asni
ezel
sauðfé
schaap
lamb
lam

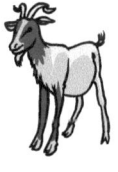

geit

geit

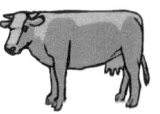

kýr

koe

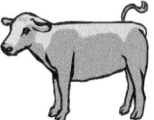

kálfur

kalf

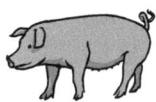

svín

varken

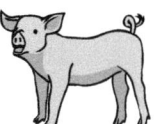

grís

biggetje

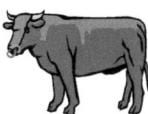

naut

stier

gæs

gans

önd

eend

ungi

kuiken

hæna

kip

hani

haan

rotta

rat

köttur

kat

mús

muis

uxi

os

hundur

hond

hundakofi

hondenhok

garðslanga

tuinslang

garðkanna

gieter

ljár

zeis

plógur

ploeg

sigð
sikkel

hlújárn
schoffel

heygaffall
hooivork

öxi
bijl

hjólbörur
kruiwagen

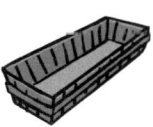

trog
trog

mjólkurfata
melkkan

poki
zak

girðing
hek

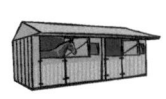

gripahús
stal

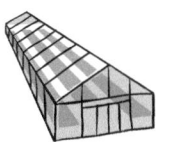

gróðurhús
broeikas

jarðvegur
bodem

fræ
zaad

áburður
mest

kornskurðarvél
maaidorser

uppskera

oogsten

uppskera

oogst

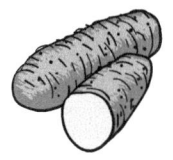

kínverskar kartöflur

yam

hveiti

tarwe

soja

soja

kartafla

aardappel

maís

maïs

repja

koolzaad

ávaxtatré

fruitboom

maníókarót

maniok

korn

graan

hús

huis

strompur
schoorsteen
þak
dak
niðurfall
regenpijp
gluggi
raam
bílskúr
garage
dyrabjalla
deurbel
dyr
deur
öskutunna
vuilnisbak
póstkassi
brievenbus
garður
tuin

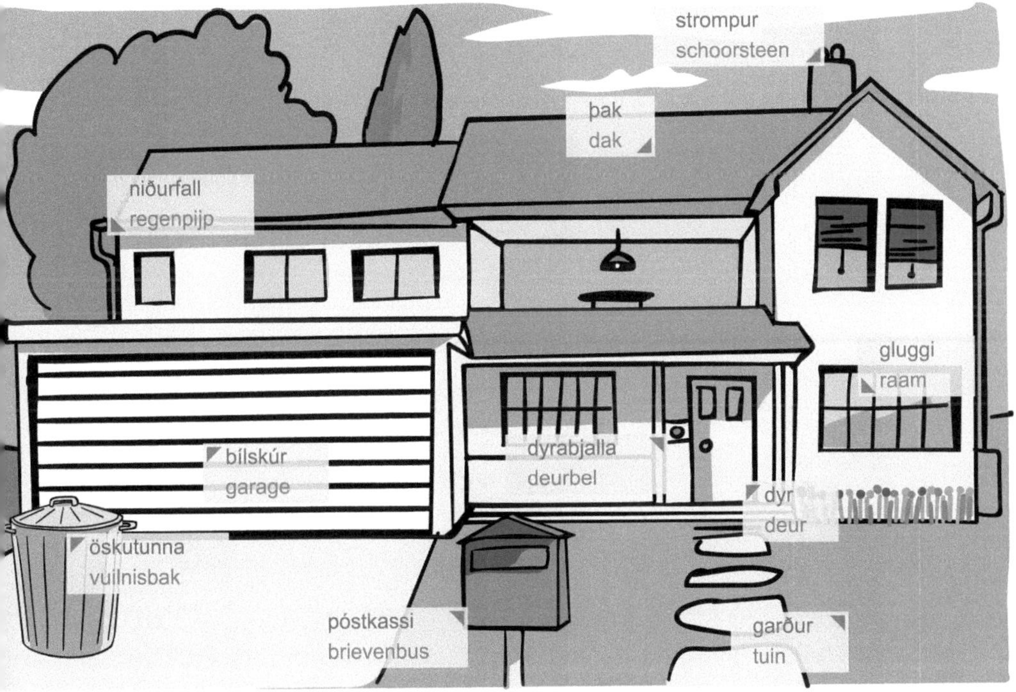

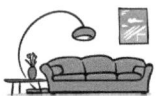

stofa

woonkamer

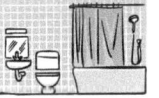

baðherbergi

badkamer

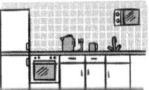

eldhús

keuken

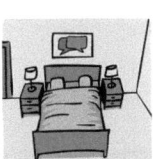

svefnherbergi

slaapkamer

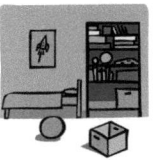

barnaherbergi

kinderkamer

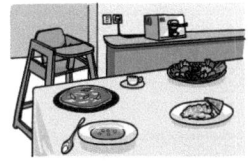

borðstofa

eetkamer

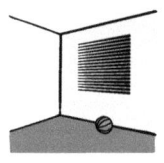

gólf
vloer

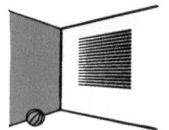

veggur
muur

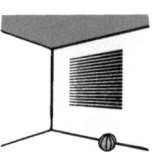

loft
plafond

kjallari
kelder

gufubað
sauna

svalir
balkon

verönd
terras

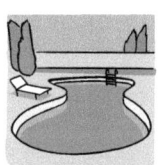

sundlaug
zwembad

sláttuvél
grasmaaier

lak
dekbedovertrek

rúmteppi
dekbed

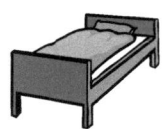

rúm
bed

kústur
bezem

fata
emmer

rofi
schakelaar

stofa
woonkamer

veggfóður
behangpapier
ljósmynd
foto
lampi
lamp
hilla
schap
skápur
kast
sjónvarp
televisie
arinn
open haard
blóm
bloem
púði
kussen
sófi
sofa
vasi
vaas
fjarstýring
afstandsbediening

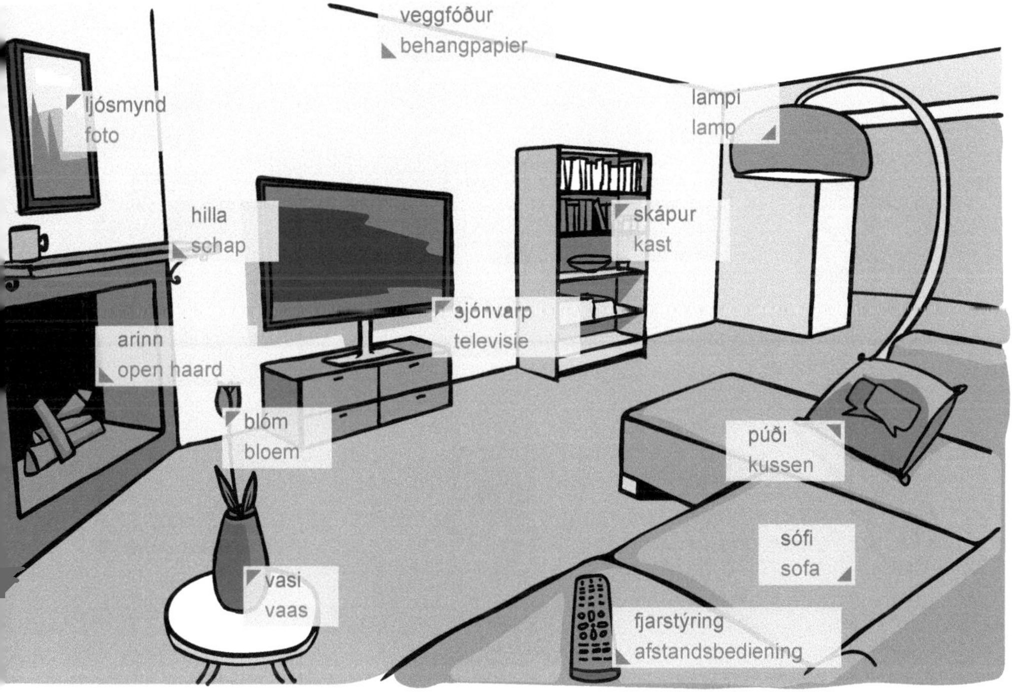

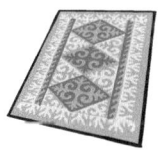

teppi

mat

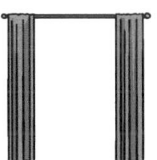

gardínur

gordijn

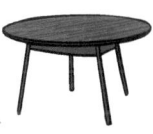

borð

tafel

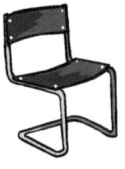

stóll

stoel

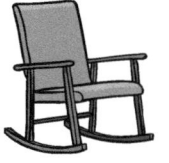

ruggustóll

schommelstoel

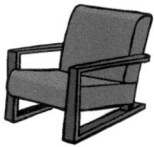

hægindastóll

fauteuil

bók
boek

sæng
deken

skraut
decoratie

eldiviður
brandhout

mynd
film

hljómflutningstæki
stereo-installatie

lykill
sleutel

dagblað
krant

málverk
schilderij

veggspjald
poster

útvarp
radio

minnisbók
notitieboekje

ryksuga
stofzuiger

kaktus
cactus

kerti
kaars

stofa - woonkamer

eldhús
keuken

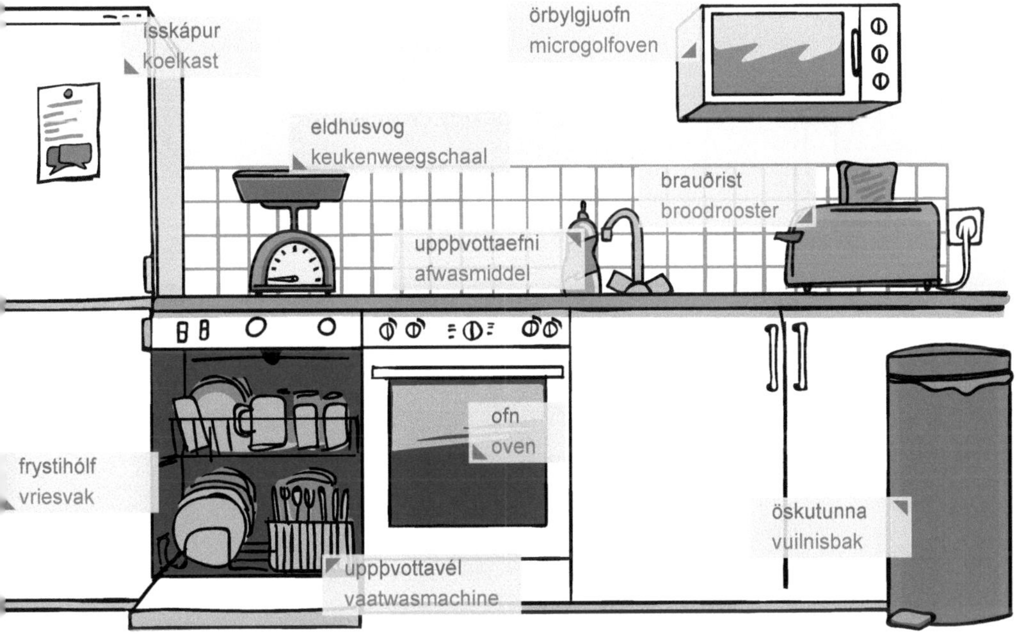

ísskápur
koelkast
örbylgjuofn
microgolfoven
eldhúsvog
keukenweegschaal
brauðrist
broodrooster
uppþvottaefni
afwasmiddel
ofn
oven
frystihólf
vriesvak
öskutunna
vuilnisbak
uppþvottavél
vaatwasmachine

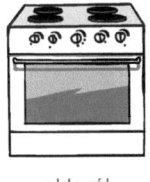

eldavél
fornuis

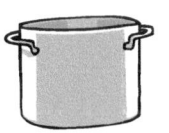

pottur
pot

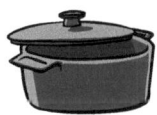

steypujárnspottur
gietijzeren pot

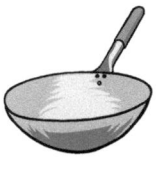

wok/kadai
wok / kadai

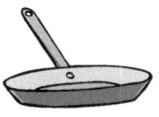

panna
pan

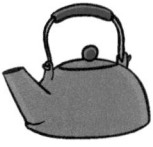

ketill
waterkoker

gufukarfa

stoomkoker

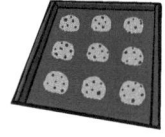

ofnform

bakplaat

leirtau

servies

mál

mok

skál

kom

prjónar

eetstokjes

ausa

pollepel

spaði

spatel

pískur

garde

sigti

vergiet

málmsigti

zeef

rifjárn

rasp

mortél

mortier

grill

barbecue

opinn eldur

haardvuur

skurðarbretti

snijplank

kökukefli

deegrol

tappatogari

kurkentrekker

dós

blik

dósaopnari

blikopener

pottaleppur

pannenlap

vaskur

gootsteen

bursti

borstel

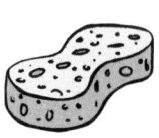

svampur

spons

blandari

blender

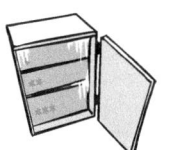

trystir

vriezer

pelı

papfles

blöndunartæki

kraan

baðherbergi
badkamer

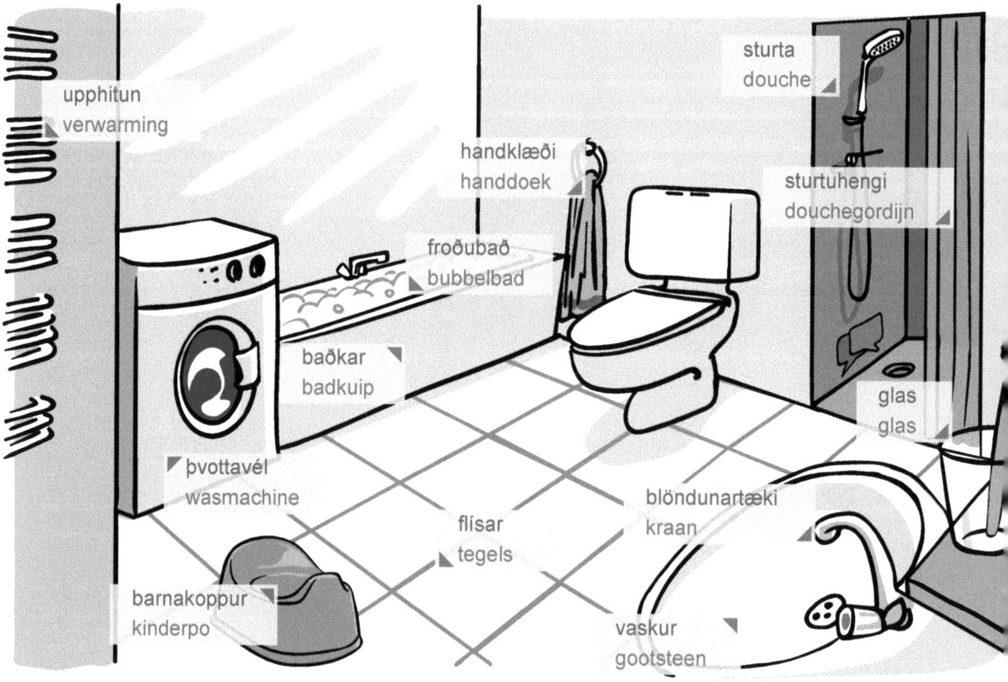

upphitun
verwarming
handklæði
handdoek
sturta
douche
sturtuhengi
douchegordijn
froðubað
bubbelbad
baðkar
badkuip
glas
glas
þvottavél
wasmachine
blöndunartæki
kraan
flísar
tegels
barnakoppur
kinderpo
vaskur
gootsteen

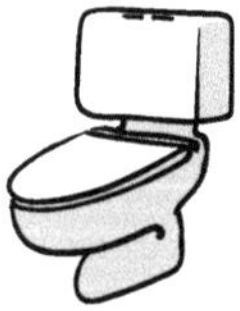

salerni

toilet

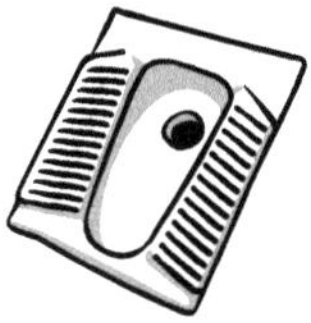

salerni án setu

hurktoilet

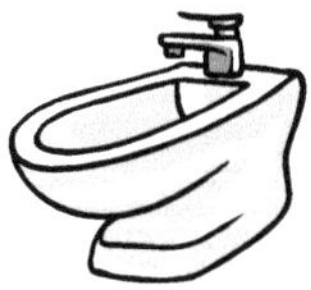

skolskál

bidet

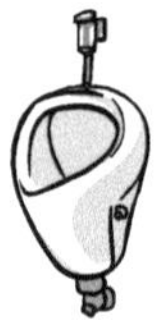

þvagskál

urinoir

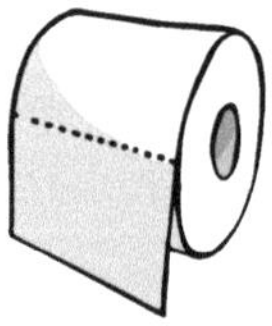

salernispappír

toiletpapier

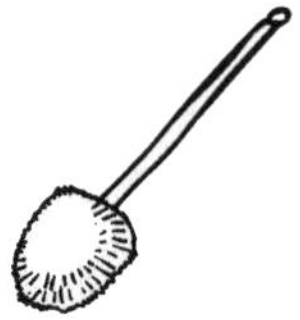

salernisbursti

toiletborstel

tannbursti

tandenborstel

tannkrem

tandpasta

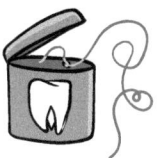

tannþráður

flosdraad

þvo

wassen

handsturta

handdouche

salernissturta

bidethanddouche

vaskur

waskom

bakbursti

rugborstel

sápa

zeep

sturtugel

douchegel

sjampó

shampoo

flannel

washandje

niðurfall

afvoer

krem

crème

svitalyktareyðir

deodorant

spegill

spiegel

handspegill

handspiegel

rakskafa

scheermes

raksápa

scheerschuim

rakspíri

aftershave

greiða

kam

bursti

borstel

hárþurrka

haardroger

hársprey

haarlak

farði

make-up

varalitur

lippenstift

naglalakk

nagellak

bómull

watten

naglaklippur

nagelknipper

ilmvatn

parfum

þvottapoki

toilettas

kollur

kruk

vog

weegschaal

sloppur

badjas

gúmmíhanskar

latex handschoenen

tíðatappi

tampon

dömubindi

maandverband

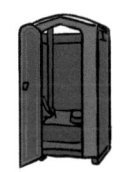

efnasalerni

chemisch toilet

barnaherbergi
kinderkamer

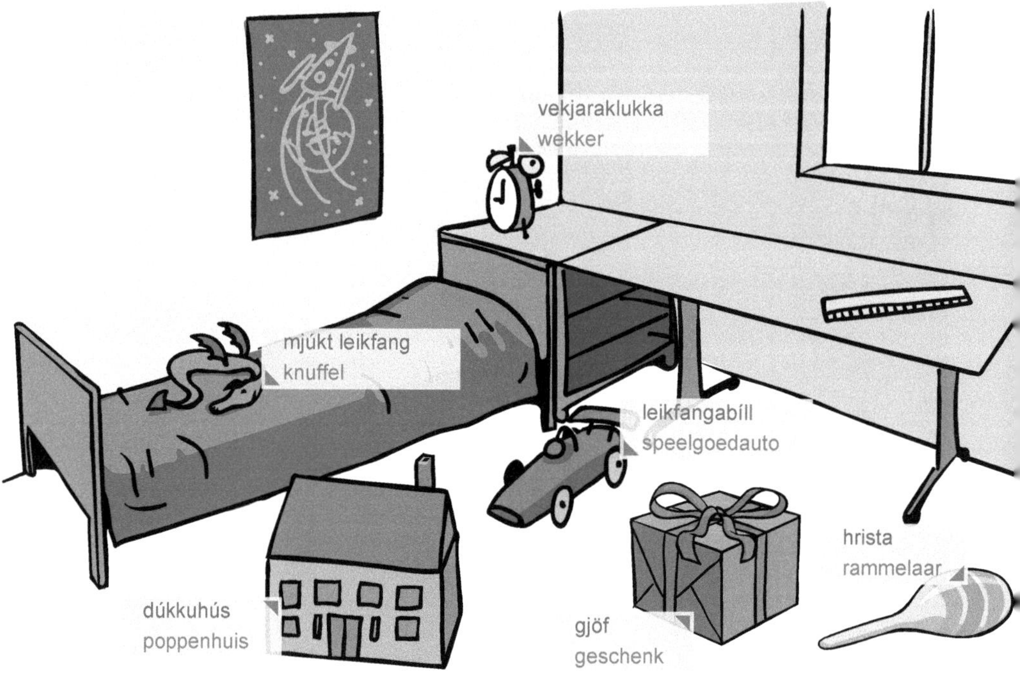
vekjaraklukka
wekker
mjúkt leikfang
knuffel
leikfangabíll
speelgoedauto
hrista
rammelaar
dúkkuhús
poppenhuis
gjöf
geschenk

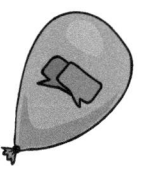

blaðra

ballon

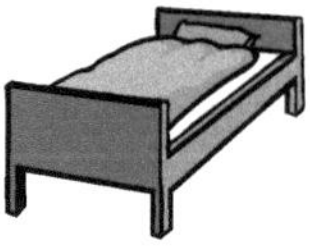

rúm

bed

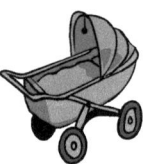

barnavagn

kinderwagen

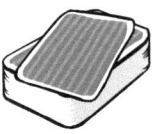

spilastokkur

spel kaarten

púsluspil

puzzel

SUPER
MEGA

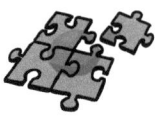

myndasaga

stripboek

legókubbar

legoblokjes

leikfangakubbar

blokken

leikfangakall

actiefiguur

samfestingur

kruippakje

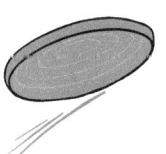

Frisbídiskur

frisbee

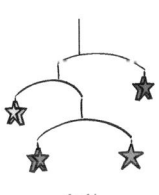

órói

mobiel

spilaborð

bordspel

teningar

dobbelsteen

lestarlíkan

modelspoorweg

snuð

fopspeen

veisla

feest

myndabók

prentenboek

bolti

bal

brúða

pop

spila

spelen

sandkassi

zandbak

sveifla

schommel

leikföng

speelgoed

leikjatölva

spelconsole

þríhjól

driewieler

bangsi

knuffelbeer

fataskápur

kleerkast

föt
kleding

sokkar

sokken

kvensokkabuxur

kousen

sokkabuxur

maillot

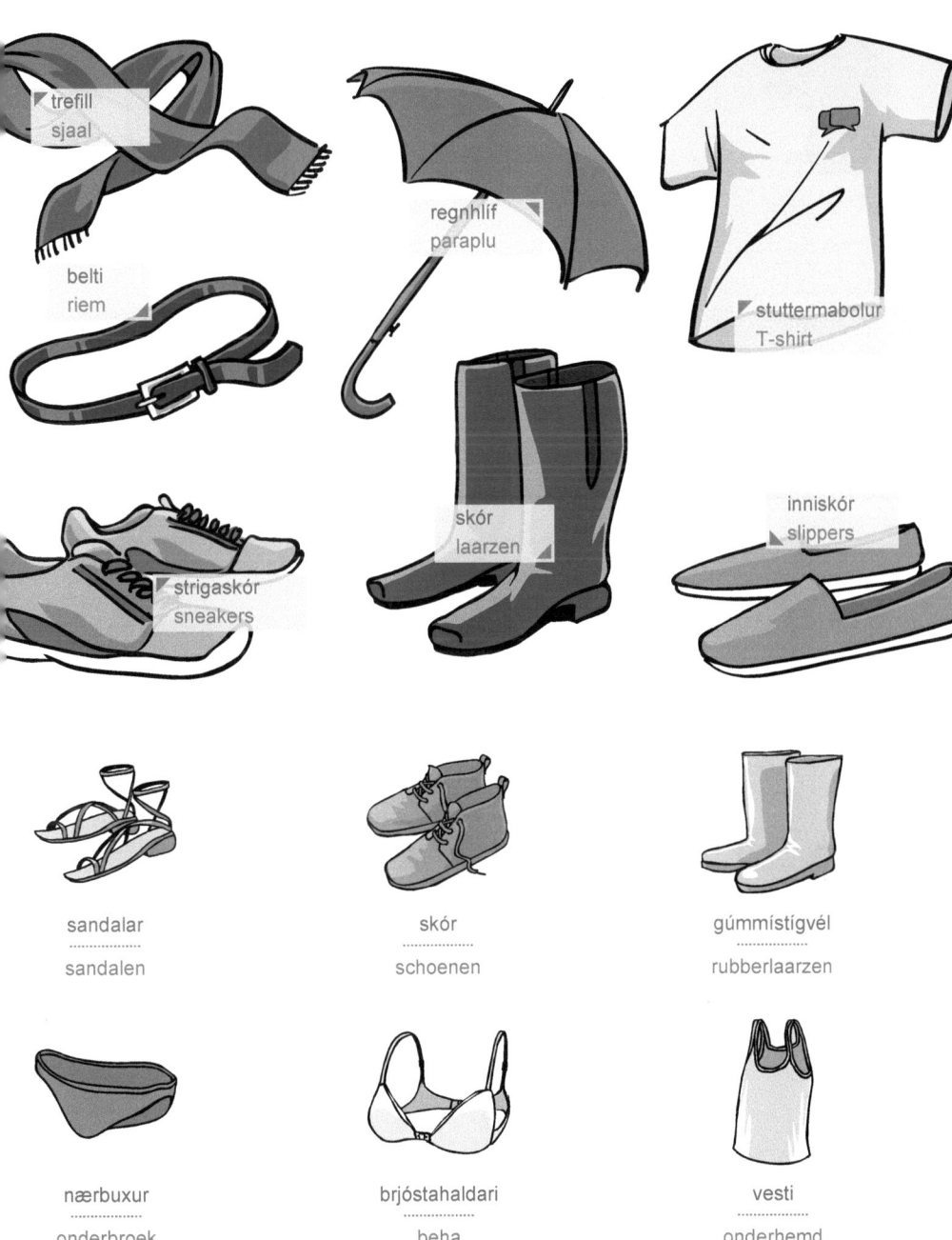

trefill
sjaal

belti
riem

regnhlíf
paraplu

stuttermabolur
T-shirt

inniskór
slippers

skór
laarzen

strigaskór
sneakers

sandalar	skór	gúmmístígvél
sandalen	schoenen	rubberlaarzen

nærbuxur	brjóstahaldari	vesti
onderbroek	beha	onderhemd

föt - kleding

samfella

lichaam

buxur

broek

gallabuxur

jeans

pils

rok

blússa

blouse

skyrta

hemd

peysa

trui

hettupeysa

capuchontrui

jakki

blazer

jakki

jas

frakki

jas

regnfrakki

regenjas

dragt

kostuum

kjóll

jurk

brúðarkjóll

trouwjurk

jakkaföt

pak

náttkjóll

nachthemd

náttföt

pyjama

Sari

sari

höfuðslæða

hoofddoek

túrban

tulband

búrka

boerka

kaftan

kaftan

abaya

abaya

sundföt

badpak

sundbuxur

zwembroek

stuttbuxur

short

íþróttagalli

trainingspak

svunta

schort

hanskar

handschoenen

hnappur

knoop

gleraugu

bril

armband

armband

hálsmen

ketting

hringur

ring

eyrnalokkur

oorbel

húfa

pet

herðatré

kapstok

hattur

hoed

bindi

das

rennilás

rits

hjálmur

helm

axlabönd

bretellen

skólabúningur

schooluniform

einkennisbúningur

uniform

smekkur
slabbetje

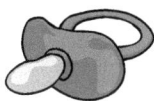

snuð
fopspeen

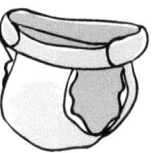

bleyja
luier

netþjónn
server

skjalaskápur
dossierkast

prentari
printer

skjár
monitor

pappír
papier

skrifborð
bureau

mús
muis

mappa
map

lyklaborð
toestenbord

ruslakarfa
papiermand

stóll
stoel

tölva
computer

kaffibolli
koffiemok

reiknivél
rekenmachine

internet
internet

skrifstofa - kantoor

fartölva

laptop

bréf

brief

skilaboð

bericht

farsími

gsm

net

netwerk

ljósritunarvél

kopieerapparaat

hugbúnaður

software

sími

telefoon

innstunga

stopcontact

faxtæki

fax

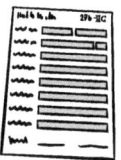

eyðublað

formulier

skjal

document

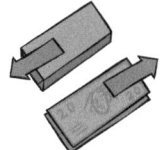

kaupa

kopen

borga

betalen

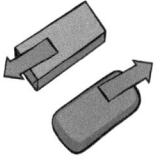

versla

handelen

peningar

geld

dollari

dollar

evra

euro

jen

yen

rúbla

roebel

svissneskur franki

Zwitserse frank

renminbi yuan

Chinese renminbi

rúpíur

roepie

hraðbanki

geldautomaat

gjaldeyrisskipti

wisselkantoor

gull

goud

silfur

zilver

olía

olie

orka

energie

verð

prijs

samningur

contract

skattur

belasting

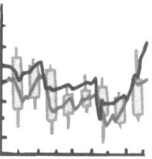

hlutabréf

aandeel

vinna

werken

starfsmaður

werknemer

vinnuveitandi

werkgever

verksmiðja

fabriek

búð

winkel

starfsgreinar
beroepen

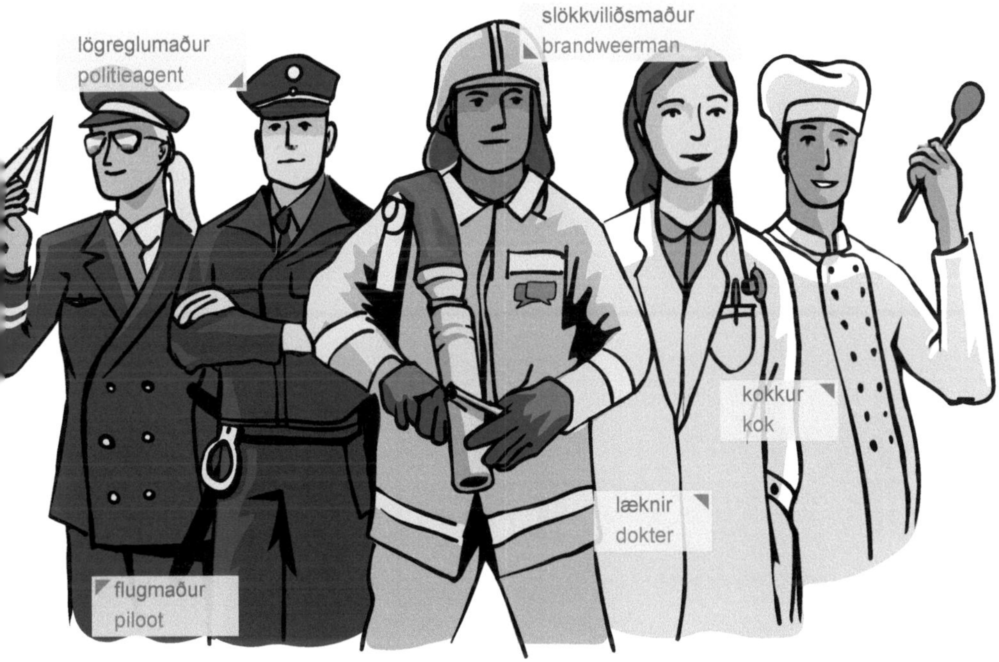
lögreglumaður
politieagent
slökkviliðsmaður
brandweerman
kokkur
kok
læknir
dokter
flugmaður
piloot

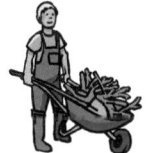

garðyrkjumaður
tuinman

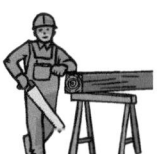

smiður
timmerman

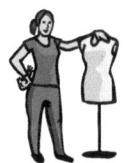

saumakona
naaister

dómari
rechter

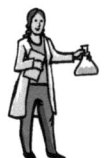

lyfjafræðingur
chemicus

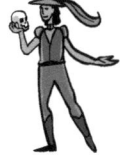

leikari
acteur

strætóbílstjóri

buschauffeur

leigubílstjóri

taxichauffeur

sjómaður

visser

ræstitæknir

schoonmaakster

þaksmiður

dakdekker

þjónn

ober

veiðimaður

jager

málari

schilder

bakari

bakker

rafvirki

elektricien

byggingaverkamaður

bouwvakker

verkfræðingur

ingenieur

slátrari

slager

pípari

loodgieter

póstmaður

postbode

hermaður
soldaat

arkitekt
architect

gjaldkeri
kassier

blómasali
bloemist

hárgreiðslumaður
kapper

lestarstjóri
conducteur

vélvirki
mecanicien

skipstjóri
kapitein

tannlæknir
tandarts

vísindamaður
wetenschapper

rabbii
rabbijn

Imam
imam

munkur
monnik

prestur
geestelijke

verkfæri
werktuigen

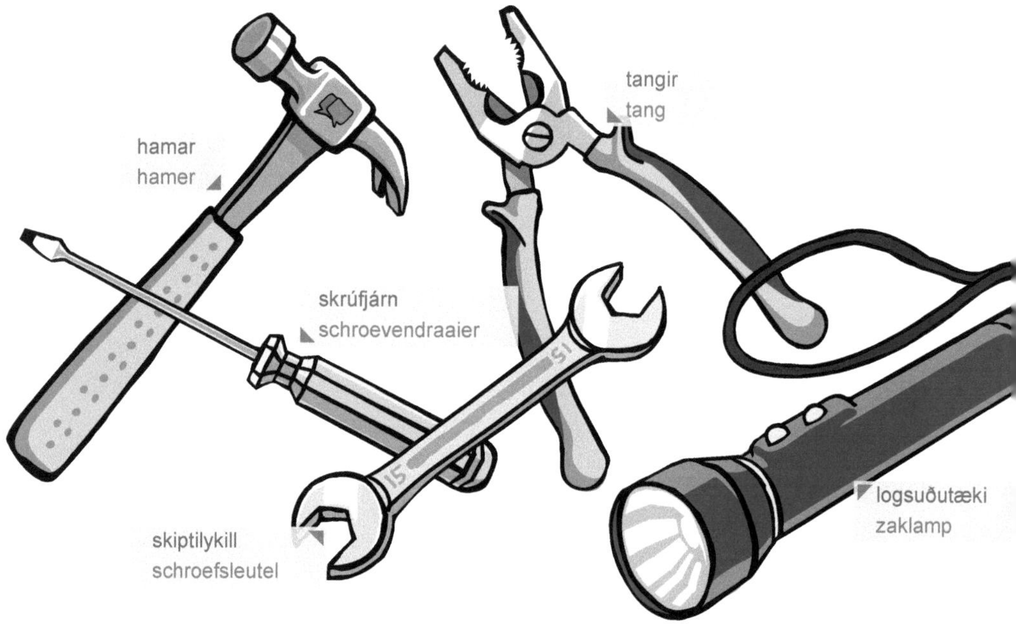
hamar
hamer
tangir
tang
skrúfjárn
schroevendraaier
skiptilykill
schroefsleutel
logsuðutæki
zaklamp

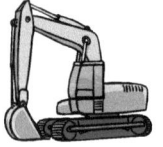

grafa

graafmachine

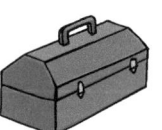

verkfærataska

gereedschapskoffer

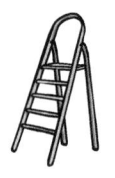

stigi

ladder

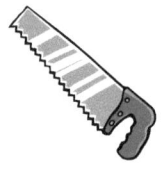

sög

zaag

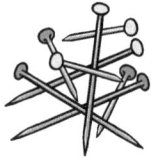

naglar

spijkers

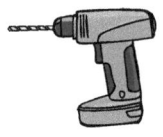

bor

boormachine

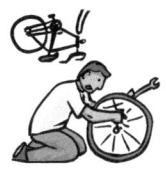

gera við

repareren

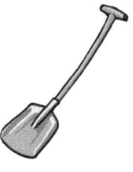

skófla

schop

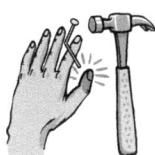

Fjandinn!

Verdomme!

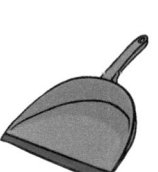

fægiskófla

blik

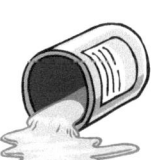

málningarfata

verfpot

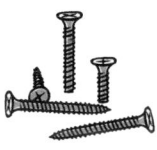

skrúfur

schroeven

hljóðfæri
muziekinstrumenten

hátalari
luidspreker
trommusett
drumstel
gítar
gitaar
kontrabassi
contrabas
trompet
trompet

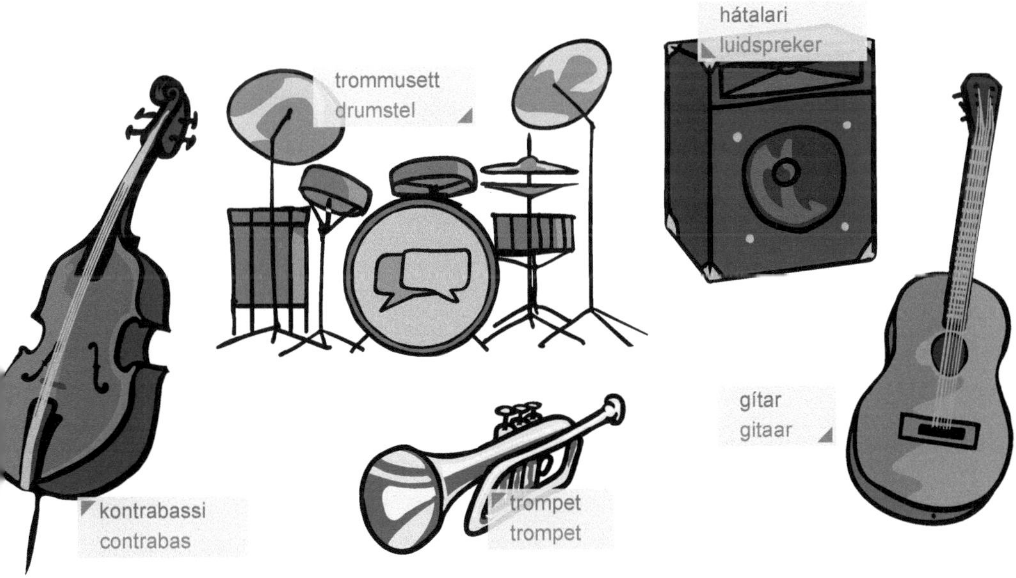

píanó
piano

fiðla
viool

bassi
basgitaar

pákur
pauk

trommur
trommels

hljómborð
keyboard

saxófónn
saxofoon

flauta
fluit

hljóðnemi
microfoon

dýragarður

zoo

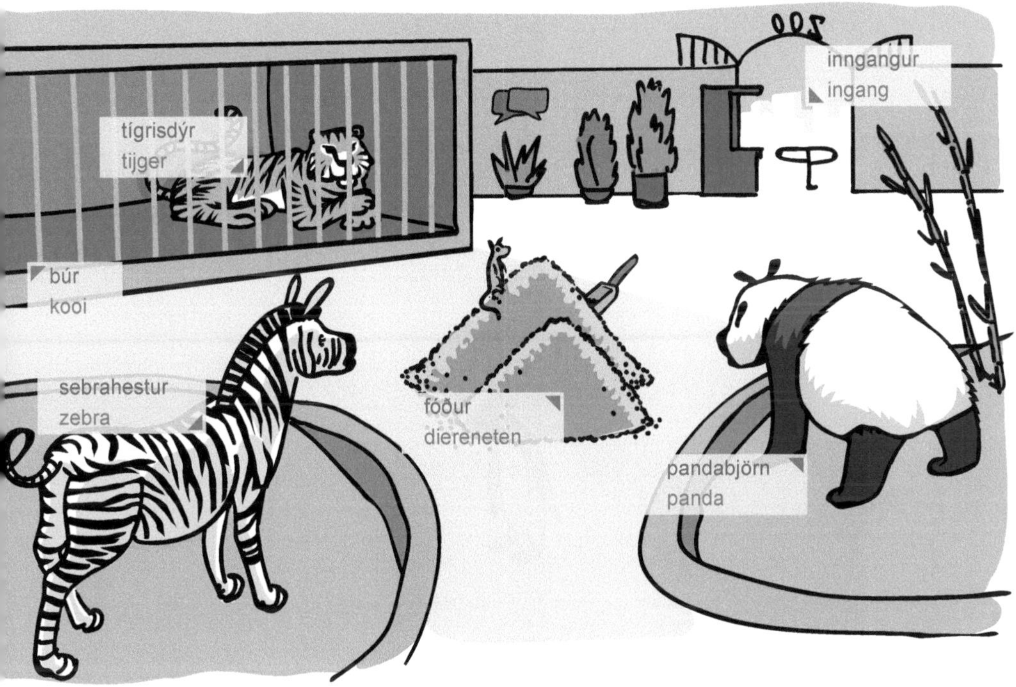

zoo
inngangur
ingang
tígrisdýr
tijger
búr
kooi
sebrahestur
zebra
fóður
dierenten
pandabjörn
panda

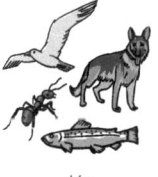

dýr
dieren

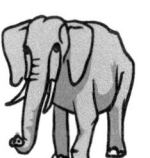

fíll
olifant

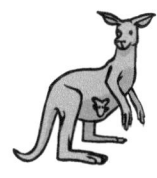

kengúra
kangoeroe

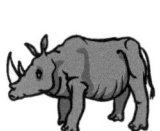

nashyrningur
neushoorn

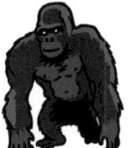

górilla
gorilla

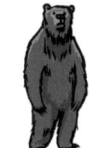

skógarbjörn
beer

úlfaldi

kameel

strútur

struisvogel

ljón

leeuw

api

aap

flamingó

flamingo

páfagaukur

papegaai

ísbjörn

ijsbeer

mörgæs

pinguïn

hákarl

haai

páfugl

pauw

snákur

slang

krókódíll

krokodil

dýragarðsvörður

dierenverzorger

selur

zeehond

jagúar

jaguar

dýragarður - zoo

hestur
pony

hlébarði
luipaard

flóðhestur
nijlpaard

gíraffi
giraffe

örn
adelaar

villisvín
wild zwijn

fiskur
vis

skjaldbaka
zeeschildpad

rostungur
walrus

refur
vos

gasella
gazelle

Ameríkskur fótbolti
rugby

hjólreiðar
wielrennen

tennis
tennis

körfubolti
basketbal

sund
zwemmen

íshokkí
ijshockey

hnefaleikar
boksen

fótbolti

voetbal

hnit

badminton

frjálsar íþróttir

atletiek

handbolti

handbal

skíði

skiën

póló

polo

athafnir
activiteiten

hoppa
springen
faðma
knuffelen
hlæja
lachen
ganga
wandelen
syngja
zingen
dreyma
dromen
biðja
bidden
kyssa
kussen

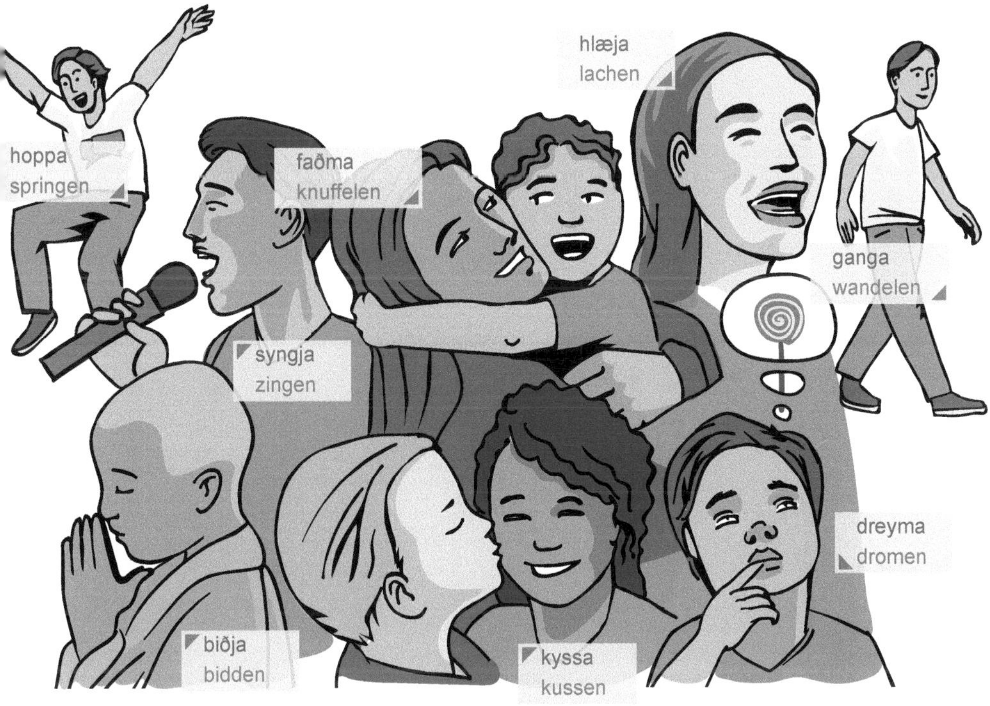

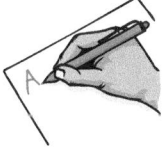

skrifa
schrijven

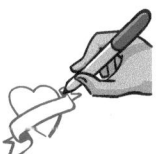

teikna
tekenen

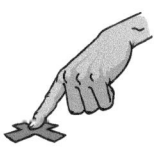

sýna
tonen

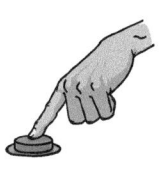

ýta
duwen

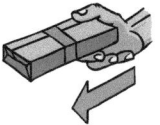

gefa
geven

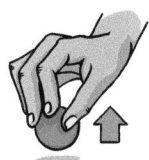

taka
nemen

hafa

hebben

gera

doen

vera

zijn

standa

staan

hlaupa

lopen

draga

trekken

kasta

gooien

detta

vallen

ljúga

liggen

bíða

wachten

bera

dragen

sitja

zitten

klæða sig

aankleden

sofa

slapen

vakna

ontwaken

líta á

kijken naar

gráta

wenen

strjúka

aaien

greiða

kammen

tala

praten

skilja

begrijpen

spyrja

vragen

hlusta

luisteren

drekka

drinken

borða

eten

taka til

opruimen

elska

houden van

elda

koken

keyra

rijden

fljúga

vliegen

sigla
zeilen

reikna
rekenen

lesa
Lezen

læra
leren

vinna
werken

giftast
trouwen

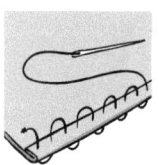

sauma
naaien

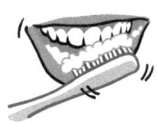

bursta tennur
tandenpoetsen

drepa
doden

reykja
roken

senda
sturen

amma
grootmoeder

afi
grootvader

faðir
vader

móðir
moeder

barn
baby

dóttir
dochter

sonur
zoon

gestur

gast

frænka

tante

frændi

oom

bróðir

broer

systir

zus

fjölskylda - familie

67

líkami

lichaam

enni
voorhoofd
auga
oog
öxl
schouder
fingur
vinger
andlit
gezicht
haka
kin
hönd
hand
fótleggur
been
brjóst
borst
handleggur
arm

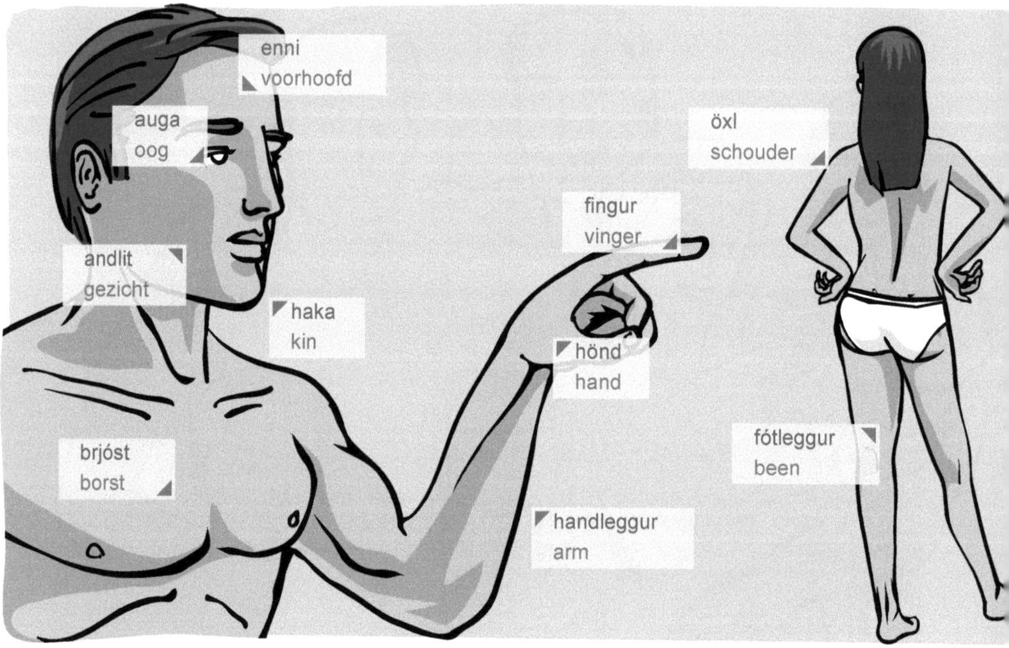

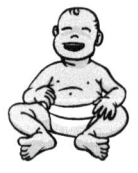

barn

baby

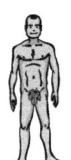

maður

man

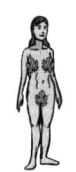

kona

vrouw

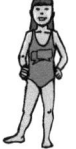

stúlka

meisje

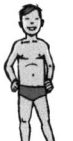

drengur

jongen

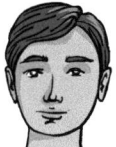

höfuð

hoofd

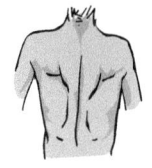

bak
rug

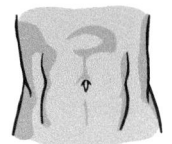

kviður
buik

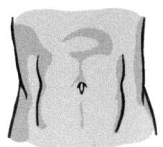

nafli
navel

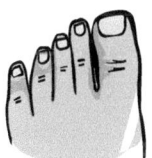

tá
teen

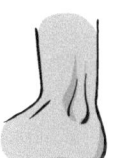

hæll
hiel

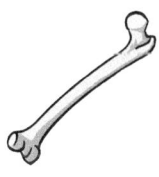

bein
bot

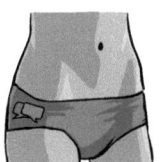

mjöðm
heup

hné
knie

olnbogi
elleboog

nef
neus

rass
zitvlak

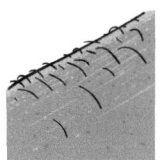

huð
huid

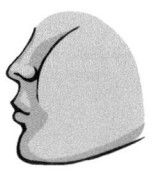

kinn
wang

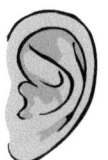

eyra
oor

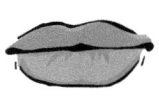

vör
lip

munnur

mond

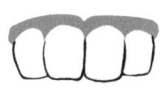

tönn

tand

tunga

tong

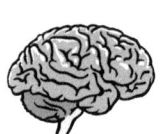

heili

hersenen

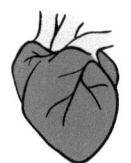

hjarta

hart

vöðvi

spier

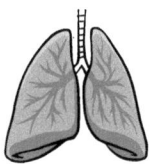

lunga

long

lifur

lever

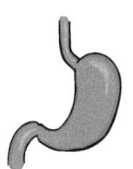

magi

maag

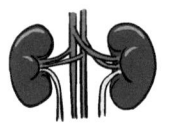

nýru

nieren

kynmök

seks

smokkur

condoom

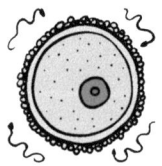

eggfruma

eicel

sæði

sperma

ólétta

zwangerschap

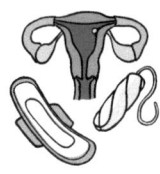

tíðir
menstruatie

leggöng
vagina

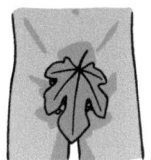

typpi
penis

augabrún
wenkbrauw

hár
haar

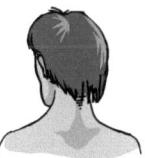

háls
nek

sjúkrahús
ziekenhuis

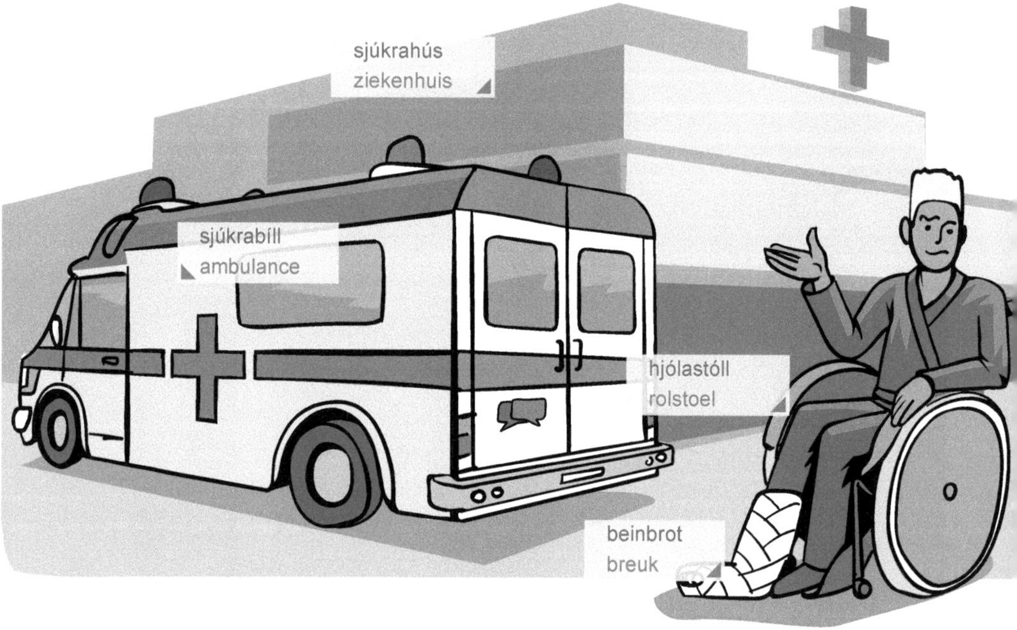

sjúkrahús
ziekenhuis
sjúkrabíll
ambulance
hjólastóll
rolstoel
beinbrot
breuk

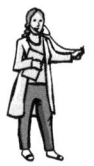

læknir

dokter

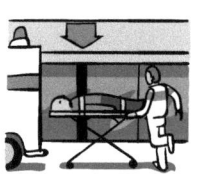

bráðamóttaka

spoed

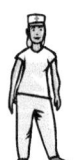

hjúkrunarfræðingur

verpleegkundige

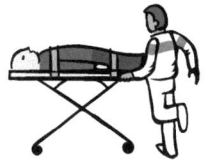

neyðartilvik

noodgeval

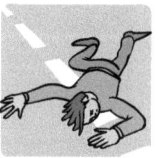

meðvitundarlaus

bewusteloos

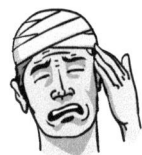

verkir

pijn

meiðsli

verwonding

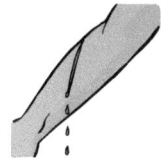

blæðing

bloeding

hjartaáfall

hartaanval

hcilablóðfall

beroerte

ofnæmi

allergie

hósti

hoest

hiti

koorts

flensa

griep

niðurgangur

diarree

höfuðverkur

hoofdpijn

krabbameln

kanker

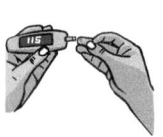

sykursýki

diabetes

skurðlæknir

chirurg

skurðhnífur

scalpel

aðgerð

operatie

sneiðmyndataka
CT

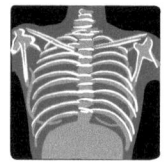

röntgengeisli
röntgenstraal

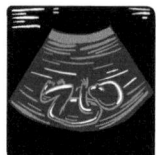

ómskoðun
ultrageluid

andlitsgríma
gezichtsmasker

sjúkdómur
ziekte

biðstofa
wachtkamer

hækja
kruk

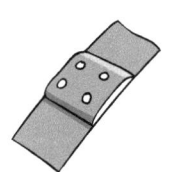

gifs
pleister

sáraumbúðir
verband

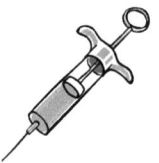

sprauta
injectie

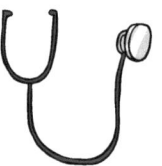

hlustunarpípa
stethoscoop

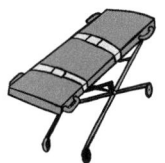

börur
brancard

líkamshitamælir
thermometer

fæðing
geboorte

yfirvigt
overgewicht

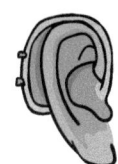

heyrnartæki

hoorapparaat

sótthreinsiefni

ontsmettingsmiddel

sýking

infectie

veira

virus

HIV / AIDS

HIV / AIDS

lyf

medicijn

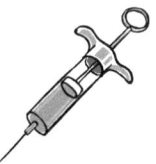

bólusetning

vaccinatie

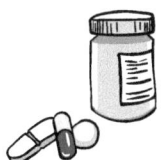

töflur

tabletten

pilla

pil

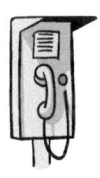

neyðarsímtal

noodoproep

blóðþrýstingsmælir

bloeddrukmeter

lasinn / heilbrigður

ziek / gezond

Hjálp!

Help!

viðvörun

alarm

líkamsárás

overval

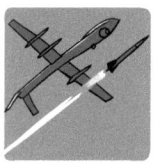

árás

aanval

hætta

gevaar

neyðarútgangur

nooduitgang

Eldur!

Brand!

slökkvitæki

brandblusser

slys

ongeval

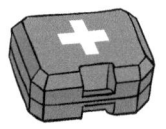

skyndihjálparbúnaður

EHBO-kit

SOS

SOS

lögregla

politie

Evrópa

Europa

Norður-Ameríka

Noord-Amerika

Suður-Ameríka

Zuid-Amerika

Afríka

Afrika

Asía

Azië

Ástralía

Australië

Atlantshaf

Atlantische Oceaan

Kyrrahaf

Stille Oceaan

Indlandshaf

Indische Oceaan

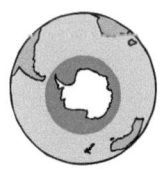

Suður-Íshaf

Antarctische Oceaan

Norður-Íshaf

Arctische Oceaan

Norðurpóll

Noordpool

Suðurpóll
Zuidpool

Suðurskautslandið
Antarctica

Jörð
aarde

land
land

sjór
zee

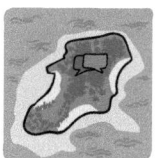

eyja
eiland

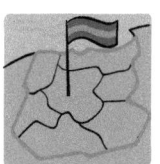

þjóð
natie

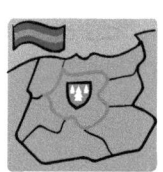

ríki
staat

klukkuskífa

wijzerplaat

lítli vísir

uurwijzer

stóri vísir

minuutwijzer

sekúnduvísir

secondewijzer

Hvað er klukkan?

Hoe laat is het?

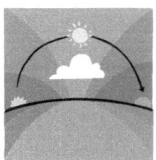

dagur

dag

tími

tijd

nú

nu

tölvuúr

digitale horloge

mínúta

minuut

klukkustund

uur

vika
week

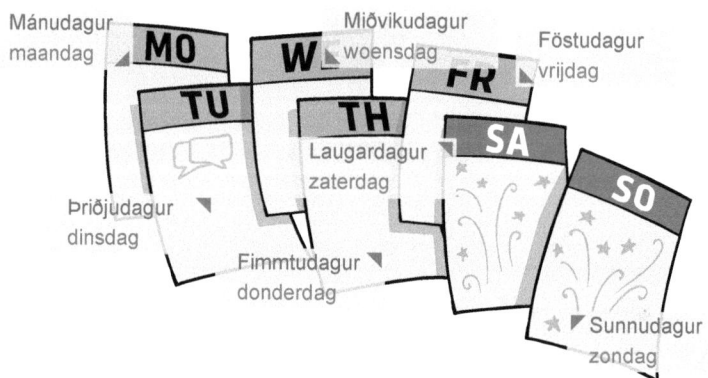

Mánudagur
maandag

Miðvikudagur
woensdag

Föstudagur
vrijdag

Þriðjudagur
dinsdag

Laugardagur
zaterdag

Fimmtudagur
donderdag

Sunnudagur
zondag

í gær
....
gisteren

í dag
....
vandaag

á morgun
....
morgen

morgunn
....
ochtend

hádegi
....
middag

kvöld
....
avond

virkir dagar
....
werkdagen

helgi
....
weekend

ár
jaar

rigning
regen
regnbogi
regenboog
vindur
wind
snjór
sneeuw
vor
lente
sumar
zomer
haust
herfst
vetur
winter

4.APRIL 11°
5.APRIL 4°
6.APRIL 13°
7.APRIL 8°
8.APRIL 10°

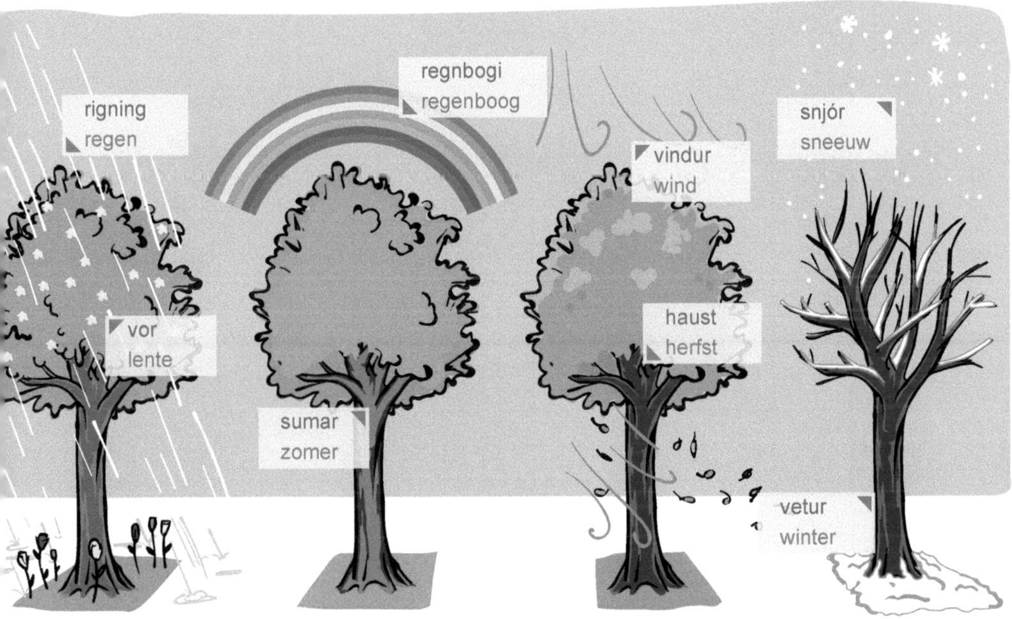

veðurspá

weervoorspelling

F C
120 40
90 30
60 20
30 10
0 0
-30 -10
-20

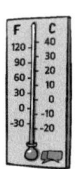

hitamælir

thermometer

sólskin

zonneschijn

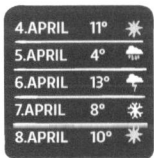

ský

wolk

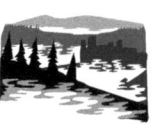

þoka

mist

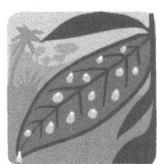

raki

vochtigheid

eldingar
....
bliksem

þrumuveður
....
donder

stormur
....
storm

haglél
....
hagel

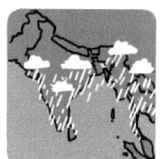

monsún
....
moesson

flóð
....
overstroming

ís
....
ijs

Janúar
....
januari

Febrúar
....
februari

Mars
....
maart

Apríl
....
april

Maí
....
mei

Júní
....
juni

Júlí
....
juli

Ágúst
....
augustus

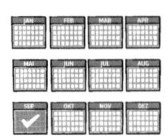

September
....
september

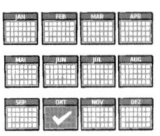

Október
....
oktober

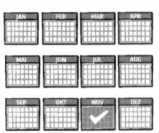

Nóvember
....
november

Desember
....
december

form

vormen

hringur
....
cirkel

ferningur
....
kwadraat

rétthyrningur
....
rechthoek

þríhyrningur
....
driehoek

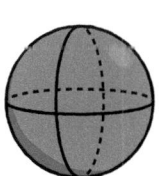

kúla
....
bol

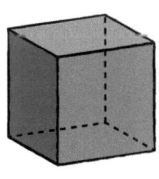

teningur
....
kubus

hvítur

wit

gulur

geel

appelsínugulur

oranje

bleikur

roze

rauður

rood

fjólublár

paars

blár

blauw

grænn

groen

brúnn

bruin

grár

grijs

svartur

zwart

mikið / lítið

veel / weinig

reiður / rólegur

boos / kalm

fallegur / ljótur

mooi / lelijk

upphaf / endir

begin / einde

stór / lítill

groot / klein

bjartur / dimmur

licht / donker

bróðir / systir

broer / zus

hreinn / óhreinn

proper / vuil

heill / ófullnægjandi

volledig / onvolledig

dagur / nótt

dag / nacht

dauður / lifandi

dood / levend

breiður / mjór

breed / smal

ætur / óætur

eetbaar / oneetbaar

vondur / góður

kwaadaardig / vriendelijk

spenntur / leiður

opgewonden / verveeld

feitur / mjór

dik / dun

fyrstur / síðastur

eerst / laatst

vinur / óvinur

vriend / vijand

fullur / tómur

vol / leeg

harður / mjúkur

hard / zacht

þungur / léttur

zwaar / licht

svangur / þyrstur

honger / dorst

lasinn / heilbrigður

ziek / gezond

ólöglegur / löglegur

illegaal / legaal

greindur / heimskur

intelligent / dom

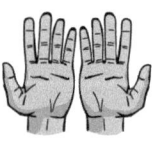

vinstri / hægri

links / rechts

nálægur / fjarlægur

dichtbij / veraf

nýr / notaður
nieuw / gebruikt

ekkert / eitthvað
niets / iets

gamall / ungur
oud / jong

kveikt / slökkt
aan / uit

opna / loka
open / dicht

Lágvær / hávær
stil / luid

ríkur / fátækur
rijk / arm

rétt / rangt
juist / fout

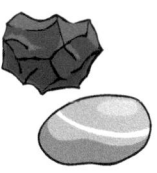

grófur / sléttur
ruw / glad

rgbitinn / hamingjusamur
droevig / blij

stutt / lengl
kort / lang

hægt / hratt
traag / snel

blautur / þurr
nat / droog

heitur / kaldur
warm / koud

stríð / friður
oorlog / vrede

andstæður - tegengestelden

0	**1**	**2**
núll	einn	tveir
nul	één	twee

3	**4**	**5**
þrír	fjórir	fimm
drie	vier	vijf

6	**7**	**8**
sex	sjö	átta
zes	zeven	acht

9	**10**	**11**
níu	tíu	ellefu
negen	tien	elf

12

tólf
twaalf

13

þrettán
dertien

14

fjórtán
veertien

15

fimmtán
vijftien

16

sextán
zestien

17

sautján
zeventien

18

átján
achtien

19

nítján
negentien

20

tuttugu
twintig

100

hundrað
honderd

1.000

þúsund
duizend

1.000.000

milljón
miljoen

Enska

Engels

Amerísk enska

Amerikaans Engels

Mandarin-kínverska

Chinees (Mandarijn)

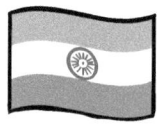

Hindí

Hindi

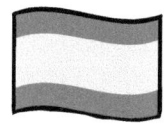

Spænska

Spaans

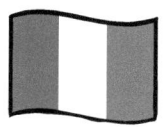

Franska

Frans

Arabíska

Arabisch

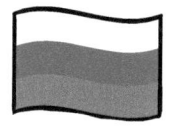

Rússneska

Russisch

Portúgalska

Portugees

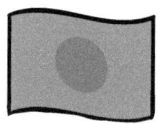

Bengali

Bengali

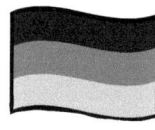

Þýska

Duits

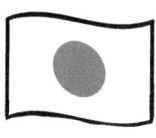

Japanska

Japans

ég
ik

þú
u

hann / hún / það
hij / zij / het

við
wij

þú
u

þeir
ze

hver?
wie?

hvað?
wat?

hvernig?
hoe?

hvar?
waar?

hvenær?
wanneer?

nafn
naam

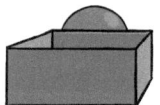

bakvið
....
achter

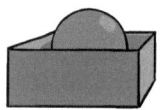

í
....
in

fyrir framan
....
voor

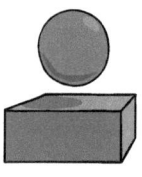

yfir
....
boven

á
....
op

undir
....
onder

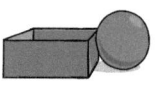

við hliðina
....
naast

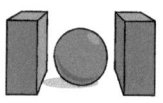

milli
....
tussen

sæti
....
plaats